MW01153946

HISTORIA GRÁFICA

LA CABALGATA DE PAUL REVERE

por Xavier Niz
ilustrado por Brian Bascle

Consultor:
Wayne Bodle, Profesor Adjunto de Historia
Indiana University of Pennsylvania
Indiana, Pensilvania

Mankato, Minnesota

Graphic Library is published by Capstone Press,
151 Good Counsel Drive, P.O. Box 669, Mankato, Minnesota 56002.
www.capstonepress.com

Printed in the United States of America

1 2 3 4 5 6 11 10 09 08 07 06

Library of Congress Cataloging-in-Publication Data
Niz, Xavier.
[Paul Revere's ride. Spanish]
La Cabalgata de Paul Revere/Xavier Niz; ilustrado por Brian Bascle.
p. cm.—(Graphic library. Historia gráfica)
Includes bibliographical references and index.
ISBN–13: 978–0–7368–6616–3 (hardcover : alk. paper)
ISBN–10: 0–7368–6616–7 (hardcover : alk. paper)
ISBN–13: 978–0–7368–9684–9 (softcover pbk. : alk. paper)
ISBN–10: 0–7368–9684–8 (softcover pbk. : alk. paper)
1. Revere, Paul, 1735–1818—Juvenile literature. 2. Massachusetts—History—Revolution, 1775–1783—Juvenile literature. 3. Lexington, Battle of, Lexington, Mass., 1775—Juvenile literature. 4. Concord, Battle of, Concord, Mass., 1775—Juvenile literature. I. Bascle, Brian, ill. II. Series.
F69.R43N5918 2006
973.3'311092—dc22 2006040601

Summary: In graphic novel format, tells the story of Paul Revere's ride to Lexington in April 1775 to warn colonists of approaching British troops, in Spanish.

Art and Editorial Direction
Jason Knudson and Blake A. Hoena

Editor
Donald Lemke

Designers
Bob Lentz and Juliette Peters

Translation
Mayte Millares and Lexiteria.com

Nota del Editor: Los diálogos con fondo amarillo indican citas textuales de fuentes fundamentales. Las citas textuales de dichas fuentes han sido traducidas a partir del inglés.

Direct quotations appear on the following pages:
Pages 12, 20, from *Paul Revere's Three Accounts of His Famous Ride* by Paul Revere (Boston: Massachusetts Historical Society, 1976).
Pages 14, 19, from *Paul Revere's Ride* by David Hackett Fischer (New York: Oxford University Press, 1994).

TABLA DE CONTENIDOS

EL PLAN DEL GENERAL

Durante los años 1760, la Gran Bretaña controlaba las 13 colonias en Norteamérica. Algunos colonos estaban cansados del dominio británico. No querían pagar impuestos sin que su opinión fuera tomada en cuenta en el gobierno. Estas personas se dieron a conocer como "Whigs".

En Boston, Massachusetts, un joven orfebre llamado Paul Revere se unió a otros Whigs en sus protestas.

¡Sin representación, no hay impuestos!

¡Él tiene razón!

Las protestas obligaron a la Gran Bretaña a dejar de cobrar impuestos en todos los bienes, excepto el té. Pero el impuesto en la bebida favorita de los colonos causó incluso más protestas. El 16 de diciembre de 1773, Revere hizo guardia conforme los colonos tiraban el té británico en el puerto de Boston.
Los líderes británicos estaban furiosos por el evento que se llegó a conocer como el Motín del Té de Boston. Aprobaron un grupo de leyes severas y nombraron al general británico Thomas Gage como gobernador de Massachusetts.
¡Pondremos orden en estas colonias rebeldes!

Los colonos John Hancock y Samuel Adams cuestionaron las nuevas leyes y el liderazgo.
Es una gran tradición de Nueva Inglaterra el elegir a nuestros propios representantes locales.
¡Sí! ¿Qué derecho tiene la Gran Bretaña de cambiar esa tradición?
Para la primavera de 1775, el General Gage decidió actuar.
Caballeros, Adams y Hancock están provocando problemas. Los arrestaremos en Lexington.
Luego nos dirigiremos a Concord y tomaremos las armas que las milicias coloniales han reunido.

Desde su casa en Boston, Revere observaba a los soldados británicos prepararse para el plan del General Gage.
Mira todas esas provisiones. ¡Los británicos deben estar planeando algo gordo!
Revere fue a buscar al Dr. Joseph Warren para obtener alguna respuesta. Él era uno de los pocos líderes Whig que aún quedaban en Boston.
El General Gage trama algo, Dr. Warren. Debemos averiguar qué es.
Quédate aquí.
Sé de alguien que nos puede ayudar.

El Dr. Warren tenía un amigo en el campamento británico.
El General Gage planea arrestar a Adams y a Hancock en Lexington y luego avanzar hacia Concord.
¡Ay no! Necesito avisarle a Paul.
Debes cabalgar a Lexington y prevenir a Hancock y Adams.
¡No podemos dejar que Gage se salga con la suya!
¡Por supuesto! Saldré enseguida.

Paul salió deprisa a la casa de su amigo Robert Newman.
Paul, ¿qué pasa?
¡El General Gage y sus tropas se están desplazando por mar! Debemos avisar a los demás.
Entonces será mejor que vaya a la Iglesia del Norte.
Los dos amigos habían desarrollado una señal para prevenir a los Whigs en las afueras de Boston. Si las tropas británicas abandonaban la ciudad a pie, Newman encendería una linterna en la torre de la iglesia. Si iban por mar, prendería ambas linternas.

Capítulo 2
LA CARRERA HACIA LEXINGTON

La noche del 18 de abril, 1775, Revere se apresuró hacia los muelles a lo largo del Río Charles. Para entregar su mensaje, Revere tenía que cruzar el río hacia Charlestown.

Revere y sus amigos necesitaban pasar cerca del barco británico Somerset para cruzar el río.
Los colonos no tienen idea de lo que Gage tiene planeado.
Seremos descubiertos por los vigías.
Quizás, pero no tenemos otra opción.
¡No puedo creer que lo logramos!
Esperemos que la suerte nos dure lo suficiente, hasta que podamos avisar a Adams y Hancock.

Una vez en Charlestown, Revere fue recibido por el Coronel Conant y Richard Devens.
Paul, recibimos la señal.
Qué bien. Tomaré prestado un caballo de John Larkin y me dirigiré a Lexington.
Debo prevenirte. Hay nueve oficiales, montados en buenos caballos y armados que van rumbo a Concord.
Revere ignoró las advertencias y salió hacia Lexington. Poco después se topó con problemas.
¡Alto!
Esa estuvo muy cerca. Necesitaré tomar una ruta diferente.

Para evitar más soldados británicos, Revere decidió viajar a lo largo del Camino Mystic. Era una ruta más larga, pero más segura. Durante su trayecto, avisó a las personas de lo que estaba pasando.
¡Estén alerta!
Los regulares se dirigen hacia acá.
¡Alistaré a los hombres para la lucha!

Una hora después de haber salido, Revere llegó a Lexington.
Espero que no sea demasiado tarde.
Cabalgó hacia la casa del Reverendo Joseph Clarke.
Estoy buscando a Hancock y Adams.
¡Deja de hacer ruido! Hay gente tratando de dormir.
¡Ruido! ¡Habrá mucho más ruido antes de lo que imaginan! ¡Los regulares se dirigen hacia acá!

¡Paul Revere! ¿Qué haces por aquí?
¡Gracias a Dios estás a salvo, Hancock!
Vine a prevenirlos a ti y a Adams de que los británicos se dirigen hacia acá.
Debemos hacerles llegar este mensaje a nuestros amigos en Concord.
Y debemos ponerlos a salvo a usted y al Sr. Hancock.
Muchas gracias por traernos estas noticias tan importantes.
Pero debes continuar hacia Concord, Revere.

Conforme los hombres discutían el siguiente paso, llegó otro jinete de Boston.
¡¿William Dawes?! ¡No esperaba verte aquí!
El Dr. Warren me envió por otra ruta en caso de que fueras capturado.
Después de un breve descanso, Revere y Dawes salieron de prisa para prevenir a la gente de Concord.
William, ¿ya escuchaste?
¡Las campanas de la iglesia están repicando!
Es la señal para que la milicia local se reúna.

Conforme Dawes y Revere se dirigían hacia Concord, otro jinete se les unió en el camino.
¿Quién anda ahí?
Soy el Dr. Samuel Prescott. ¿Qué pasa?
Los abrigos rojos están avanzando. Se dirigen hacia Concord para capturar las armas de la milicia.
Permítanme ofrecerles mis servicios. Tres jinetes tienen más oportunidad de llegar a Concord que dos.
Revere y Dawes estuvieron de acuerdo. Juntos, continuaron hacia Concord.

HACIA CONCORD

Antes de partir de Lexington, Paul Revere pensó en un plan. Los tres jinetes se turnarían para detenerse en cada casa rumbo hacia Concord.

A la mitad del camino hacia Concord, Revere
y los otros hombres se toparon con un problema.
¿Qué es eso, a lo lejos?
¡Alto, amigos!
¡Hay unos regulares a la distancia!
¿Qué haremos?
¡Debemos atacar! Ellos son dos y los podemos vencer.

Los tres hombres decidieron atacar, pero se equivocaron en cuanto al número de abrigos rojos.
¡Deténganse!
¡Son cuatro!
¡Si se acercan una pulgada más, dense por muertos!
Al principio, Revere y sus amigos intentaron forzar su paso, pero había muy poco espacio para pasar por el camino ya que era muy angosto.
¡Están atrapados!
Salgan del camino y vayan hacia ese campo.

¡Sepárense!
No nos podrán atrapar a todos a la vez.
Dawes y Prescott escaparon, pero Revere no tuvo tanta suerte.
¡Ay no!
Creo que el comandante querrá hablar contigo.

El comandante británico interrogó a Revere.
¿Cuál es tu nombre?
Paul Revere.
Así que tú eres el que anda avisando a los colonos de nuestros planes, ¿eh?
¡Sí! Y ahora debo prevenirlo a usted, Comandante.
Hay 500 hombres de la milicia reuniéndose en Lexington.
¡Usted no tendrá éxito!
Eso ya lo veremos, Revere.

Los británicos decidieron verificar la historia de Revere y se encaminaron hacia Lexington. A media milla de distancia del pueblo, los soldados escucharon disparos.

EL INICIO DE UNA REVOLUCIÓN

Revere corrió de regreso hacia la casa del Reverendo Clarke.

¿Qué es esto?

Han estado discutiendo desde que te fuiste.

¡Adams, debemos quedarnos y luchar!

¡Eres un tonto, Hancock! Podemos serle más útil a la causa si huimos y nos ponemos a salvo.

Ya estuvo bien de argumentos. Debemos sacarlos a ambos de aquí.

Conforme se acercaba el amanecer, Hancock y Adams aceptaron escapar.

Ahora que Hancock y Adams se habían ido, Revere pensó que finalmente podría descansar.
De repente, tocaron a la puerta.
¡Hancock dejó un baúl lleno de papeles importantes en la Taberna Buckman!
Es demasiado pesado para que lo lleve yo solo. ¿Me ayudarías?
Claro. Vamos a rescatar ese baúl.
Revere y John Lowell se apresuraron a la taberna. En el interior, la milicia local los saludó.
Paul, el baúl está en el ático.
Primero, déjame preguntarle a estos hombre acerca de los disparos que escuchamos hace rato.

Tú conoces la ley que prohíbe portar un arma cargada dentro de una taberna. Las descargamos antes de entrar.
Y vaya que sí espantaron a los soldados británicos.
Pensaron que la lucha ya había empezado.
Justo en ese momento, un jinete llegó galopando a la entrada de la taberna.
¡Atención! ¡Los regulares sólo están a media hora de aquí!

Lowell y Revere se llevaron el baúl de la taberna y escaparon hacia los bosques cercanos.
¿Escuchaste eso?
Sí. Me pregunto quién disparó primero.
Los hombres de Lexington no tenían posibilidad de ganar contra los británicos. Pero Hancock y Adams habían escapado. Las noticias acerca del plan de los británicos habían llegado hasta los Whigs en Concord. Para cuando los británicos llegaron, la mayoría de las armas habían sido desplazadas. Los británicos fueron conducidos fuera de Concord y obligados a regresar a Boston.
Al final del día, la Revolución había comenzado.

Más sobre LA CABALGATA DE PAUL REVERE

* Paul Revere nació en diciembre de 1734. Su padre, Apollos Rivoire, llegó a Norteamérica desde Francia. Después de casarse con una colona norteamericana llamada Deborah Hichborn, Rivoire cambió su nombre a Revere.

* Paul Revere, no sólo era un orfebre. También elaboraba cosas con oro y cobre. Incluso hacía dientes falsos y trabajaba como dentista. Finalmente, Revere lanzó un exitoso negocio elaborando láminas de cobre.

* Algunas personas creen que el caballo que Paul Revere tomó prestado de Larkin se llamaba Brown Beauty. Después de que los británicos se llevaran el caballo, ni Revere ni Larkin volvieron a verlo.

* Sólo 70 hombres de la milicia estaban reunidos en Lexington cuando llegaron las tropas británicas. Lucharon contra 238 soldados británicos. Cuando la batalla terminó, ocho miembros de la milicia colonial habían muerto y diez más estaban heridos. Sólo uno de los soldados británicos había sido herido.

* Hasta el momento, nadie sabe quién disparó el primer tiro en la Batalla de Lexington.

- Aproximadamente 700 tropas británicas salieron de Boston hacia Concord. Para cuando regresaron a Boston, más de 250 soldados habían sido heridos o asesinados.

- Paul Revere murió de causas naturales el 10 de mayo de 1818, a la edad de 83 años.

- Las hazañas de Paul Revere fueron olvidadas en gran parte después de la Guerra de la Revolución. En 1860, Henry Wadsworth Longfellow escribió el poema "La cabalgata nocturna de Paul Revere". Poco después, el poema y la historia de Paul Revere se volvieron famosos.

- Hoy en día, gente de todo el mundo visita la casa de Paul Revere. Es el edificio más antiguo en el centro de Boston y un recuerdo de este gran norteamericano.

GLOSARIO

el abrigo rojo—un soldado británico durante la Guerra de la Revolución; el nombre provenía de los abrigos rojo brillante que utilizaban los soldados.

el impuesto—dinero recolectado de los ciudadanos de un país para ayudar a pagar los gastos del gobierno

la milicia—un grupo de ciudadanos voluntarios entrenados para luchar

el orfebre—una persona que elabora objetos de plata, tales como cucharas, joyería y teteras

el representante—una persona electa para servir en un gobierno

SITIOS DE INTERNET

FactHound proporciona una manera divertida y segura de encontrar sitios de Internet relacionados con este libro. Nuestro personal ha investigado todos los sitios de FactHound. Es posible que los sitios no estén en español.

Se hace así:

1. Visita *www.facthound.com*
2. Elige tu grado escolar.
3. Introduce este código especial **0736866167** para ver sitios apropiados según tu edad, o usa una palabra relacionada con este libro para hacer una búsqueda general.
4. Haz clic en el botón **Fetch It**.

¡FactHound buscará los mejores sitios para ti!

LEER MÁS

Burke, Rick. *Paul Revere.* American Lives. Chicago: Heinemann Library, 2003.

Golden, Nancy. *The British Are Coming!: The Midnight Ride of Paul Revere.* Great Moments in American History. New York: Rosen Central Primary Source, 2004.

Raatma, Lucia. *The Battles of Lexington and Concord.* We the People. Minneapolis: Compass Point Books, 2004.

Rosen, Daniel. *Independence Now: The American Revolution, 1763–1783.* Crossroads America. Washington, DC: National Geographic, 2004.

BIBLIOGRAFÍA

Fischer, David Hackett. *Paul Revere's Ride.* New York: Oxford University Press, 1994.

Revere, Paul. *Paul Revere's Three Accounts of His Famous Ride.* Boston: Massachusetts Historical Society, 1976.

Triber, Jayne E. *A True Republican: The Life of Paul Revere.* Amherst: University of Massachusetts Press, 1998.

ÍNDICE